Dieses Buch gehört

„Für Anna und Florence
mit all ihren Fragen."

„Für Noah und Nina, meine neugierigen Abenteurer."

Deutschsprachige Erstausgabe
1. Auflage 2023

Originaltitel: Hello, Trees

Übersetzungsrechte erworben durch Stephanie Barrouillet - S.B.Rights Agency
Ins Deutsche übertragen von Milena Schilasky
Redaktion: Julia Mielewski
Grafische Bearbeitung: Marcelo Marques Porto
Druck: Livonia Print, Jūrkalnes iela 15/25, LV-1046 Riga, Lettland
ISBN: 978-3-8337-4560-7

www.jumboverlag.de

HALLO, BÄUME

JUMBO

Haben Bäume eine Seele?

Das frage ich mich und streichle über die raue Rinde.

Die so runzelig

ist wie meine Finger,

wenn ich zu lange in der Badewanne sitze.

Ich kann ihre Körper sehen,

Stämme in ganz verschiedenen

Größen und Formen.

Die Wurzeln tragen wie Beine.

Sie wachsen in eine Welt hinein,

die sich unter meinen Fingernägeln sammelt,

wenn ich in der Erde buddle;

so dicht und voller Möglichkeiten.

Äste recken sich wie Arme

in den Himmel.

Ich kann Dinosaurier und Löwen

darin entdecken.

Lächeln Bäume,

wenn ich in ihren Ästen

schaukle?

Oder wenn ich an ihnen hochklettere in ein

Baumhaus,

wo ich spannende Abenteuer erlebe?

Oder wenn ich in ihrem
Schatten spiele,
versunken in meine
eigene Welt?

Fühlen sie sich geliebt, weil sie ein Zuhause
für Eichhörnchen und ein sicherer Ort
für Vogelnester sind?

Sind Bäume traurig, wenn sich ihre Blätter

von grün zu rot

und raschelbraun färben?

Oder fühlt sich das für sie an wie groß werden?

Wie Haare schneiden oder wenn

mein Lieblingskleid nicht mehr passt?

Tut es Bäumen weh, wenn sie gefällt werden?

Frieren sie im Winter?

Passen sie aufeinander auf?

Ich kenne Bäume

mit Namen wie …

Eiche

Kiefer

Trauerweide

Andere Bäume haben Namen,

die für mich komisch klingen, wie Bambus,

Baobab,

Drachenblutbaum,

Blauregen,

Regenbogen-Eukalyptus

und sogar Flaschenbaum,

Abachi-Baum und

Schlangenbaum.

Ich frage mich,
ob wir uns vielleicht ähnlicher sind,
als man auf den ersten Blick denkt.

Wenn ich „Hallo“ sage und dann dem
Rauschen der Blätter lausche, vielleicht
würde ich hören, wie die Bäume zurückflüstern …

„Hallo, du!“